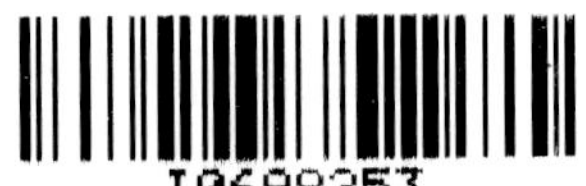

I0698253

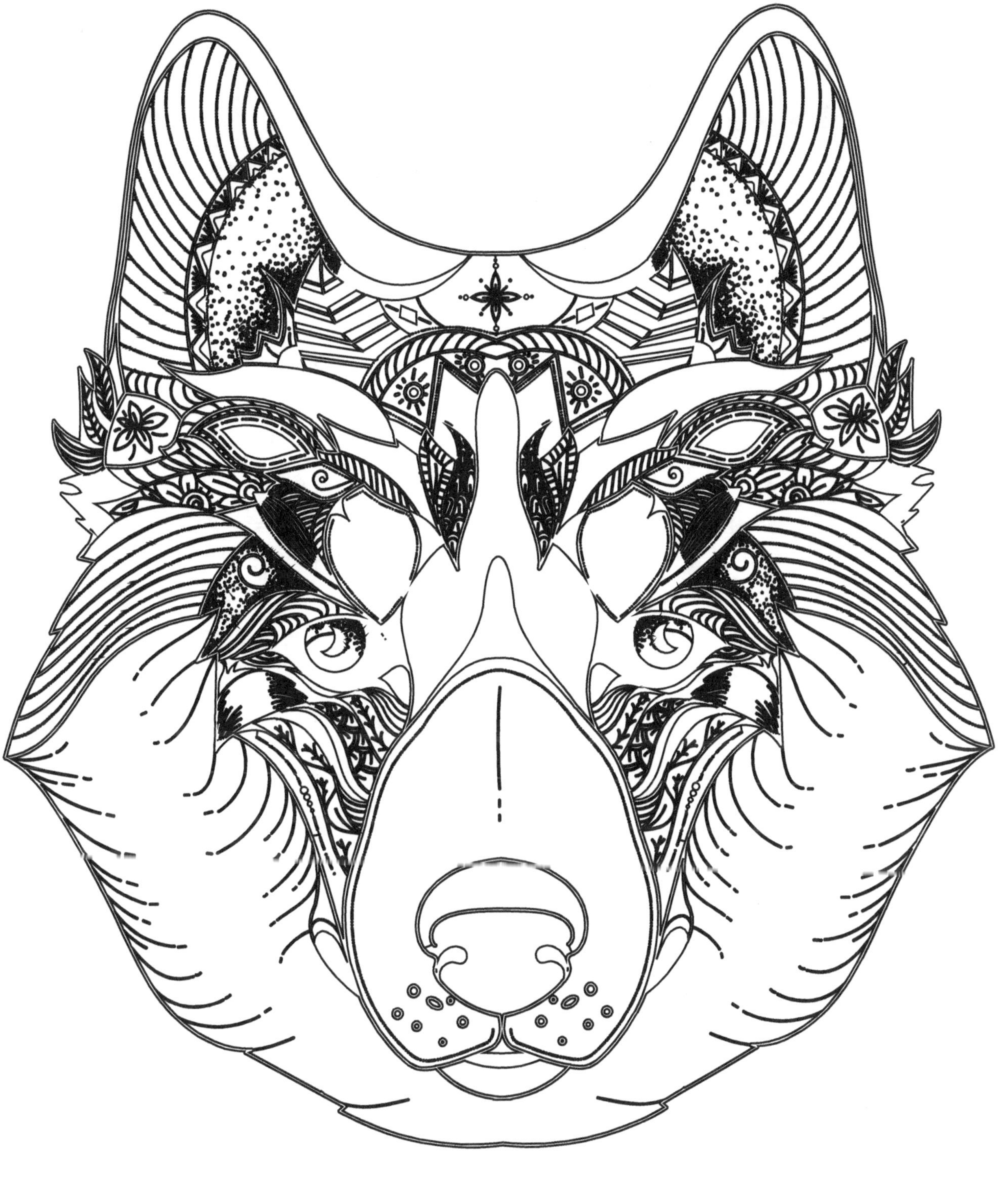

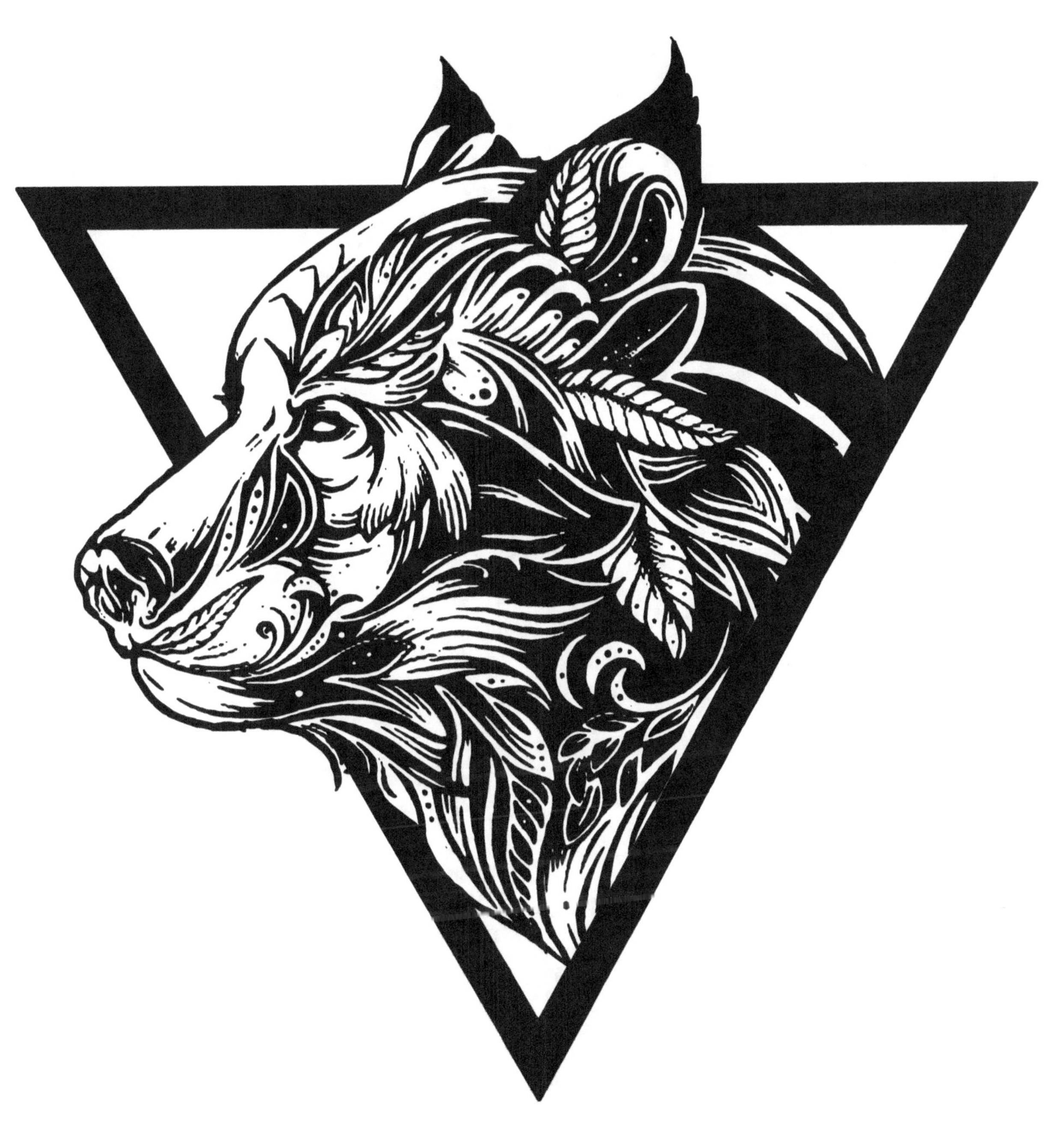

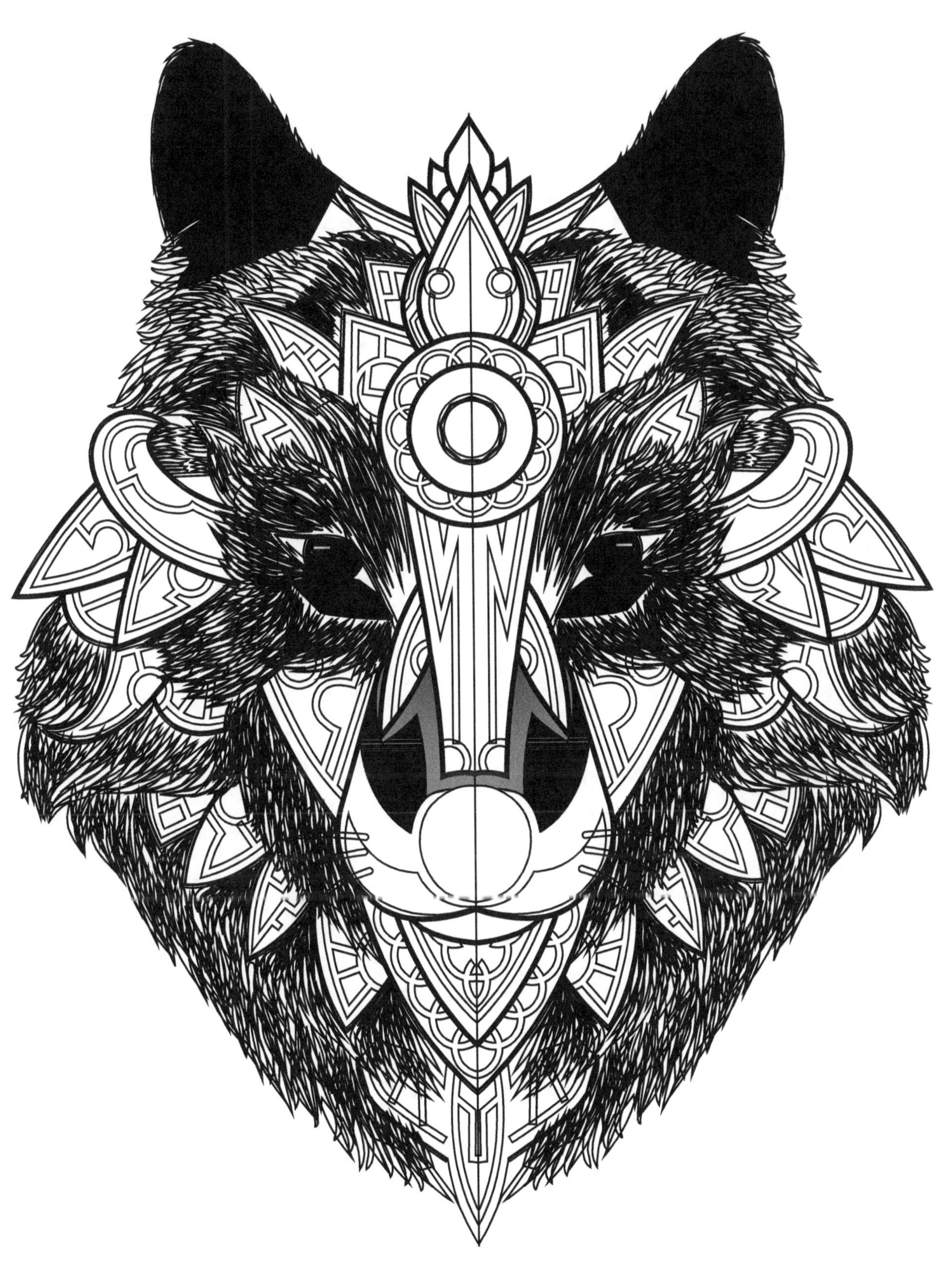

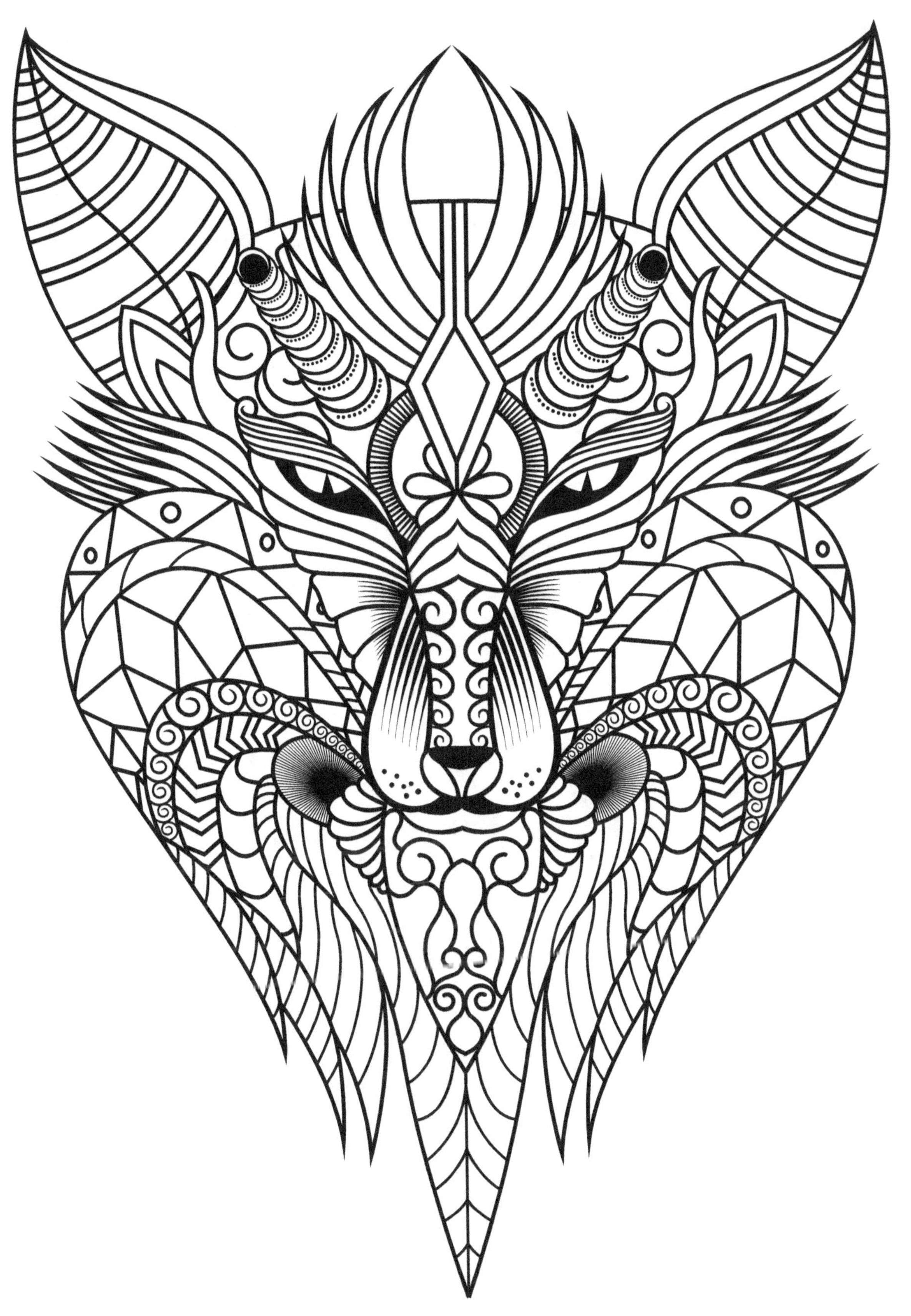

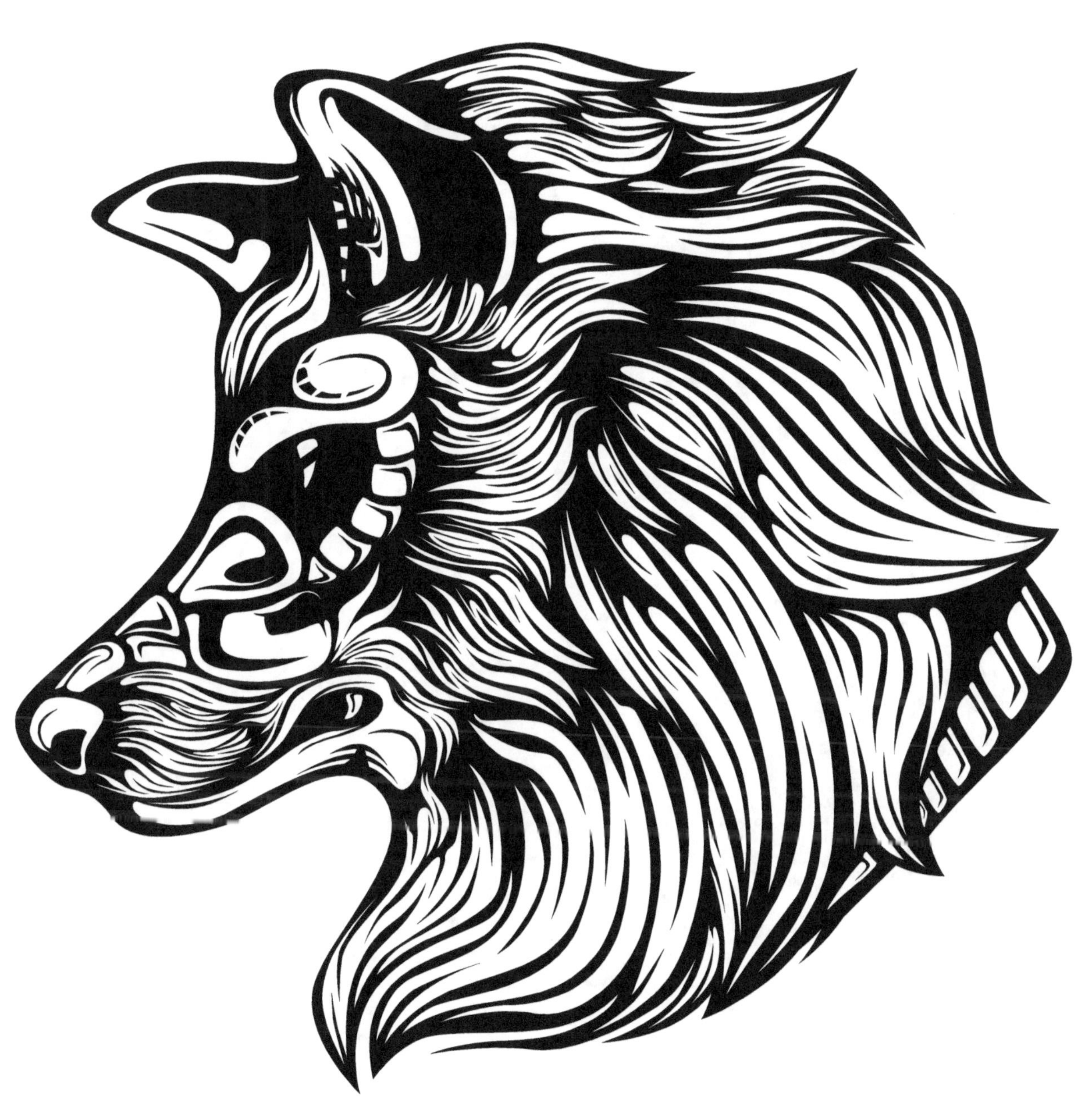

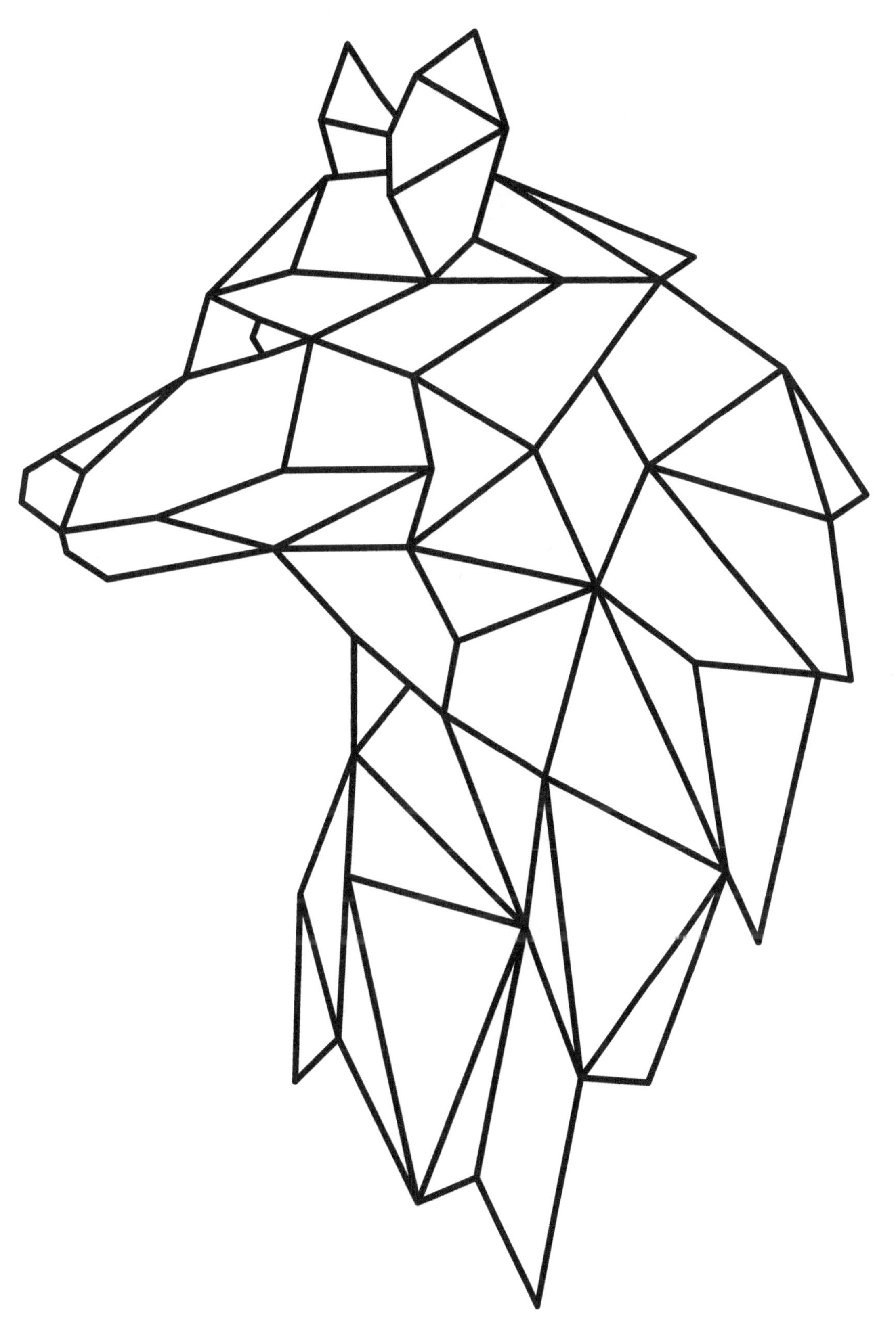

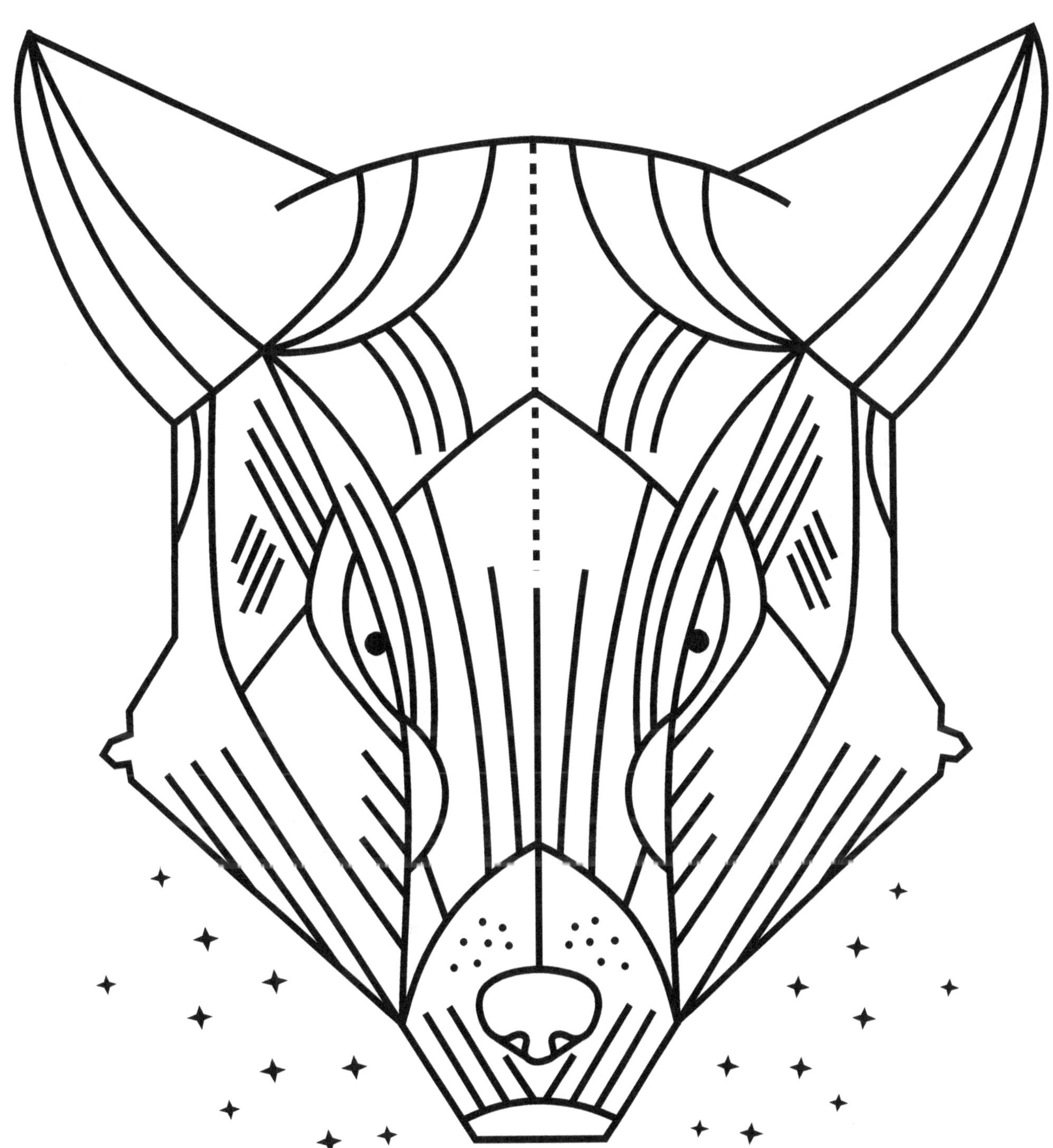

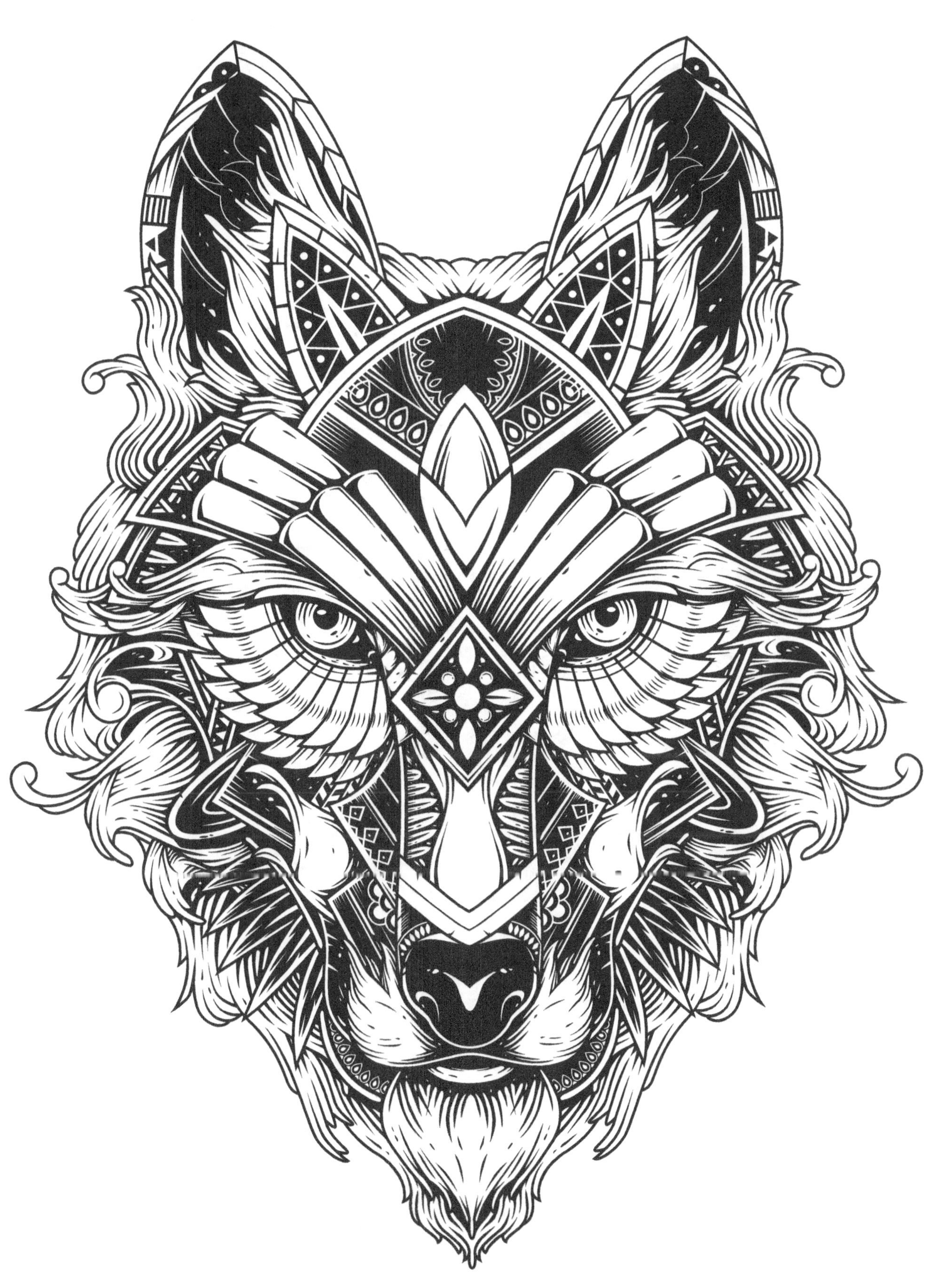

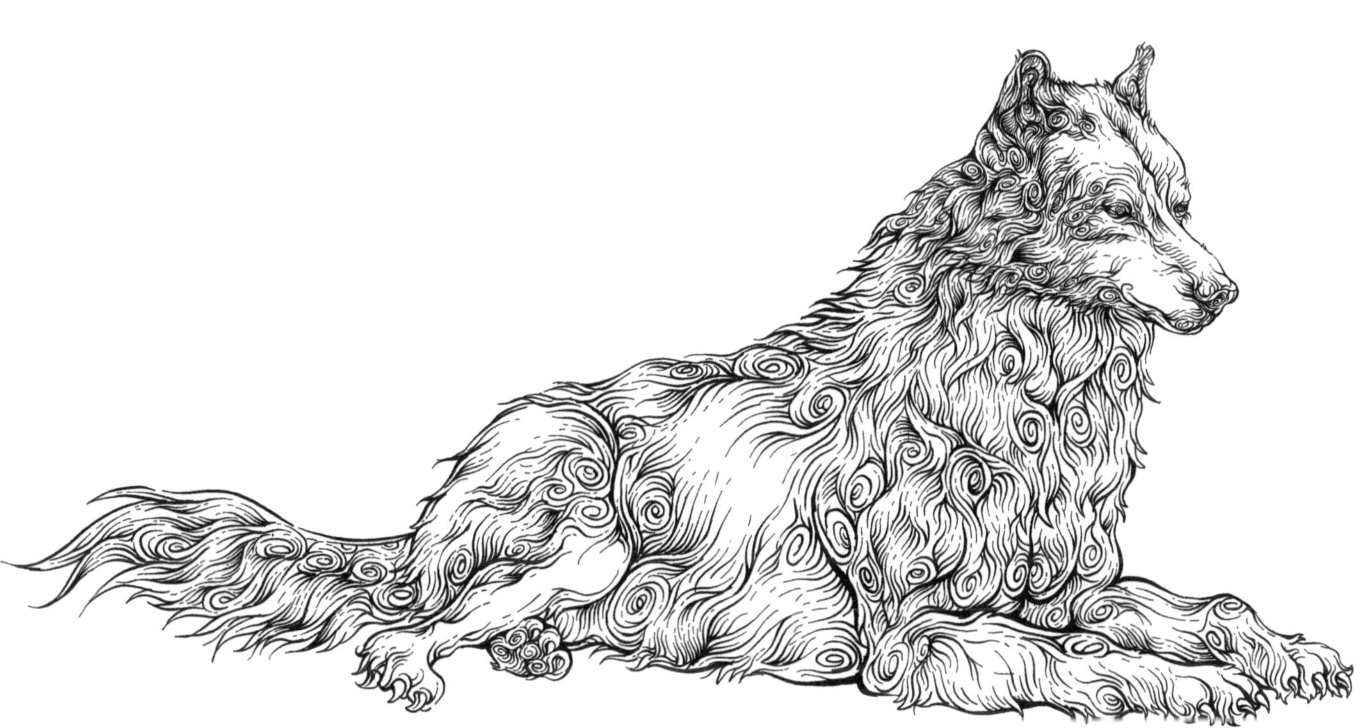

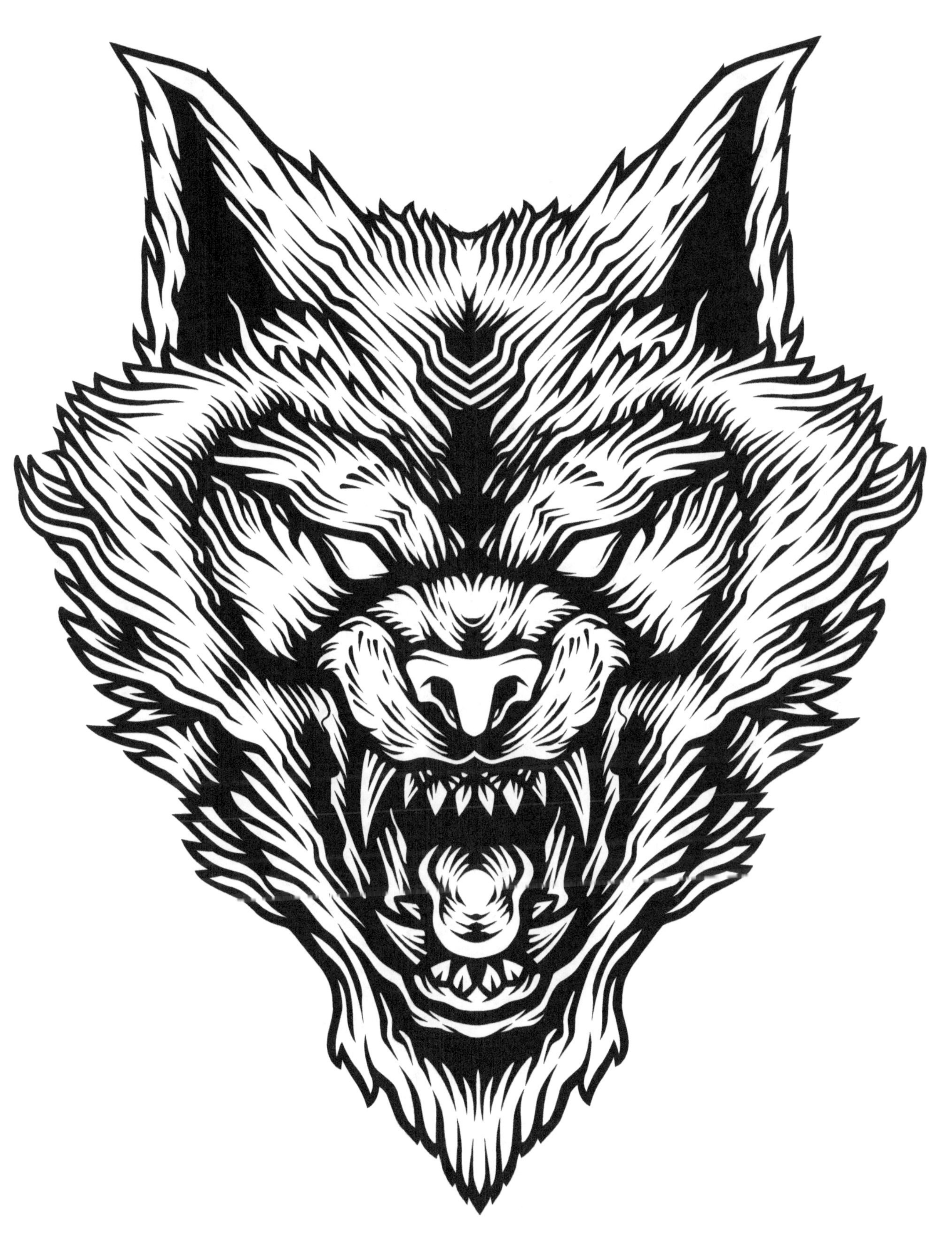

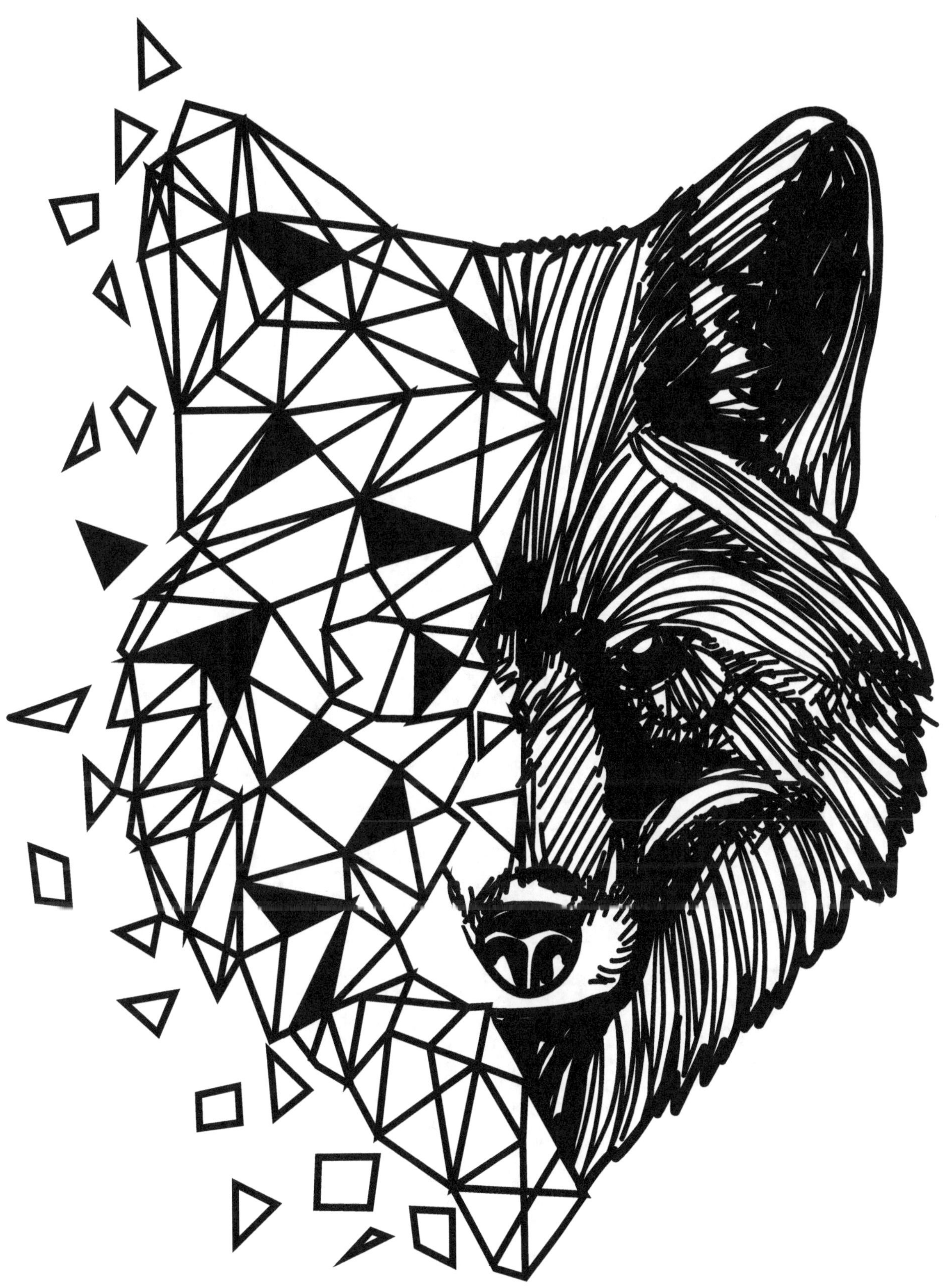

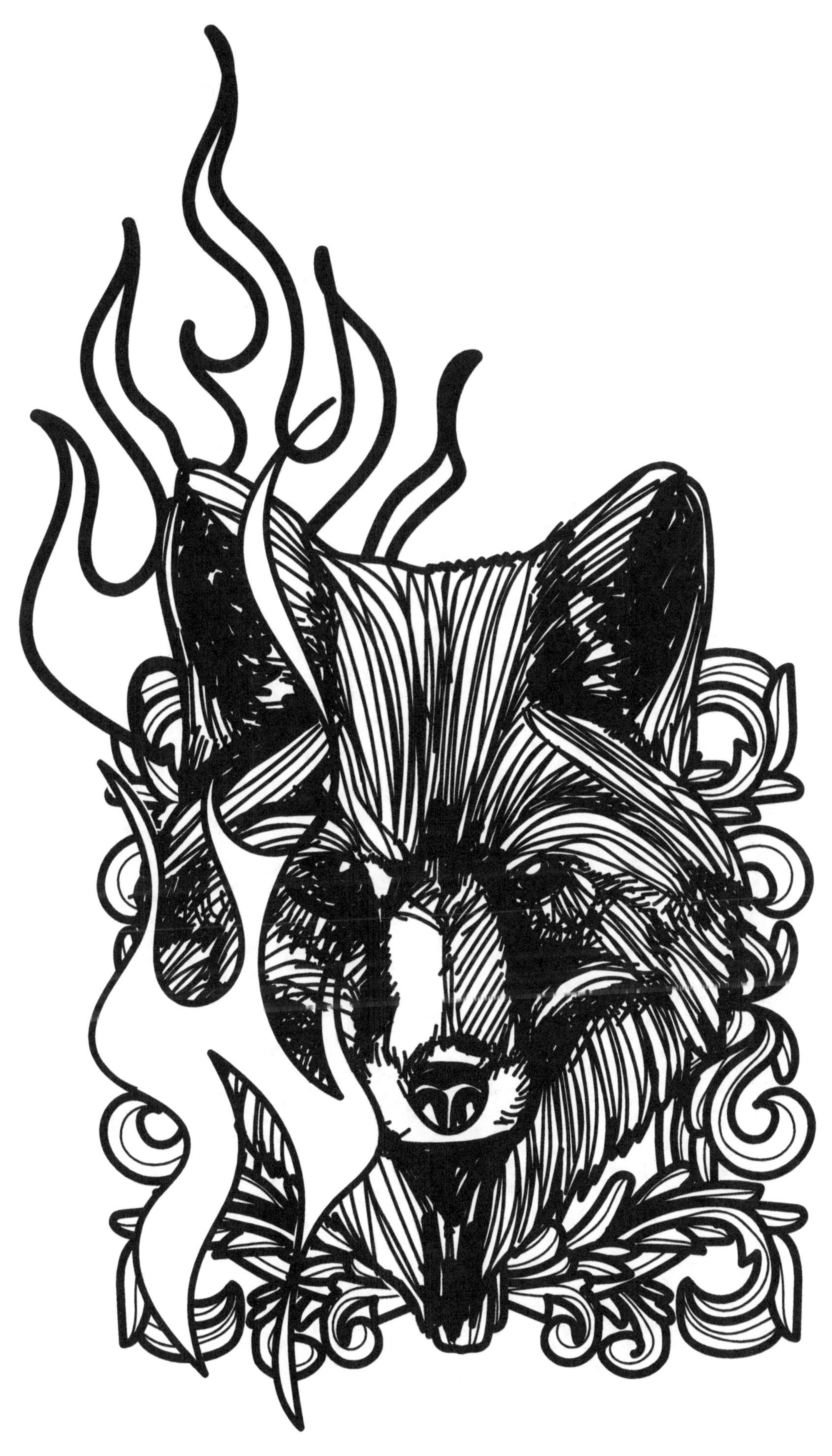

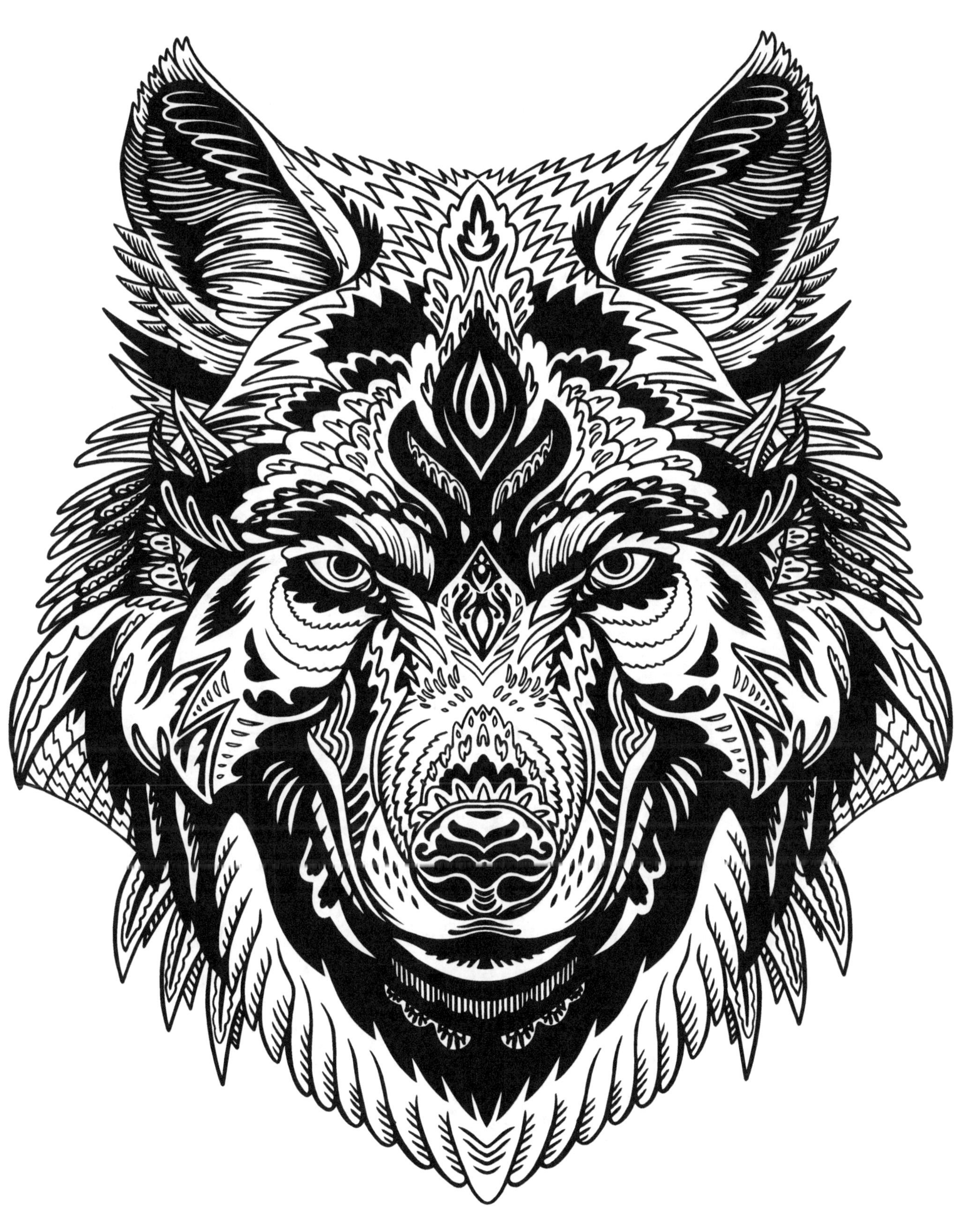

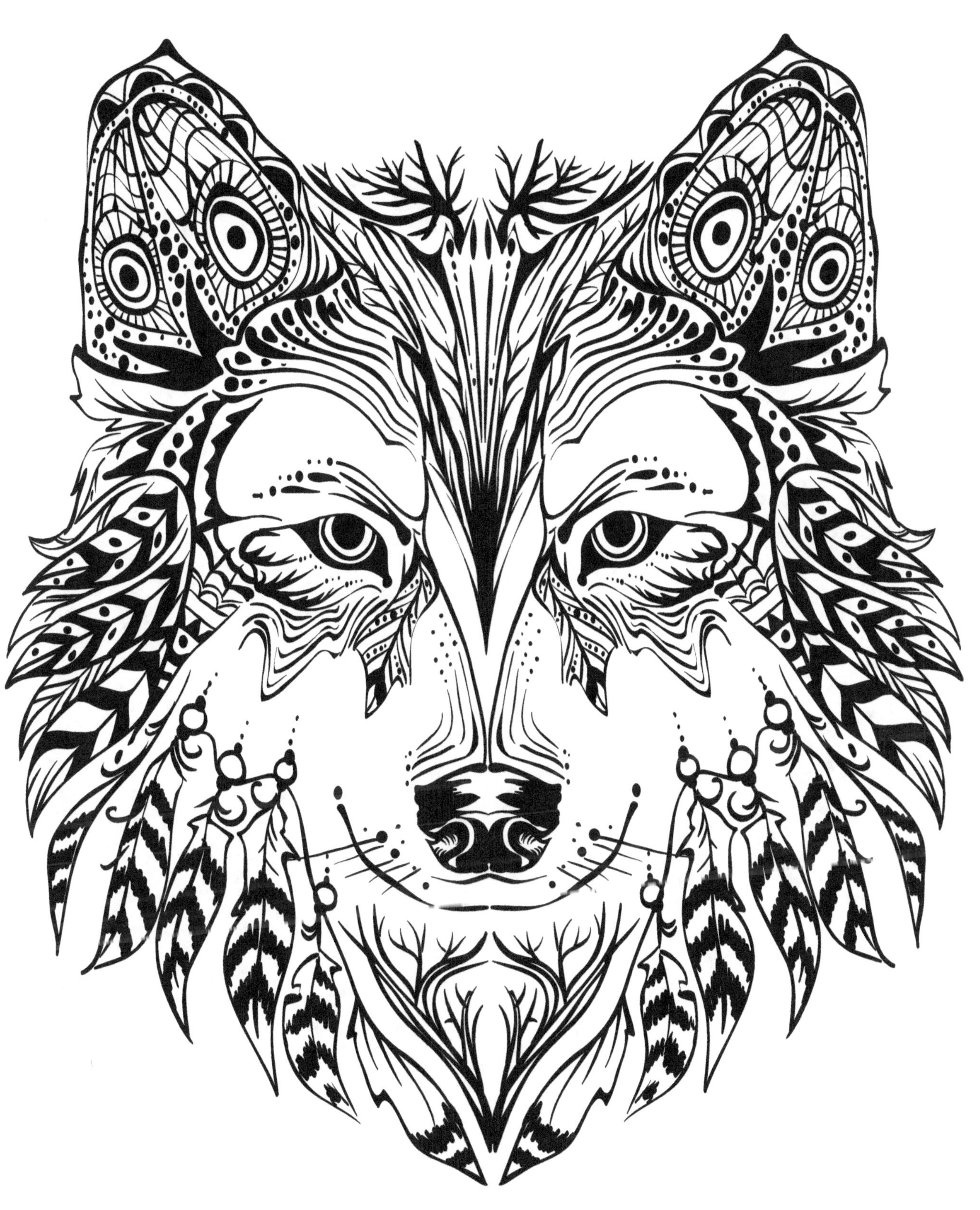

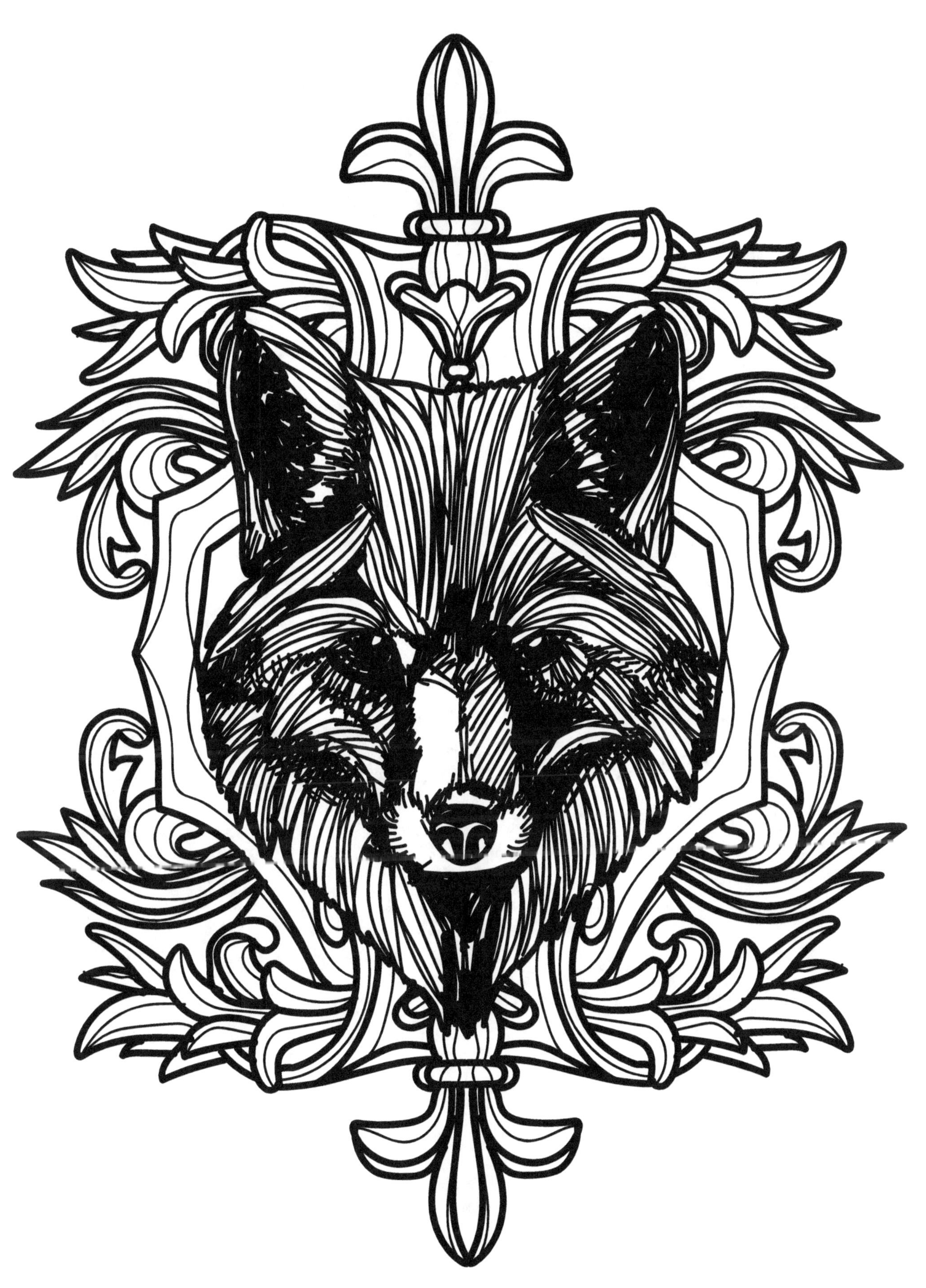

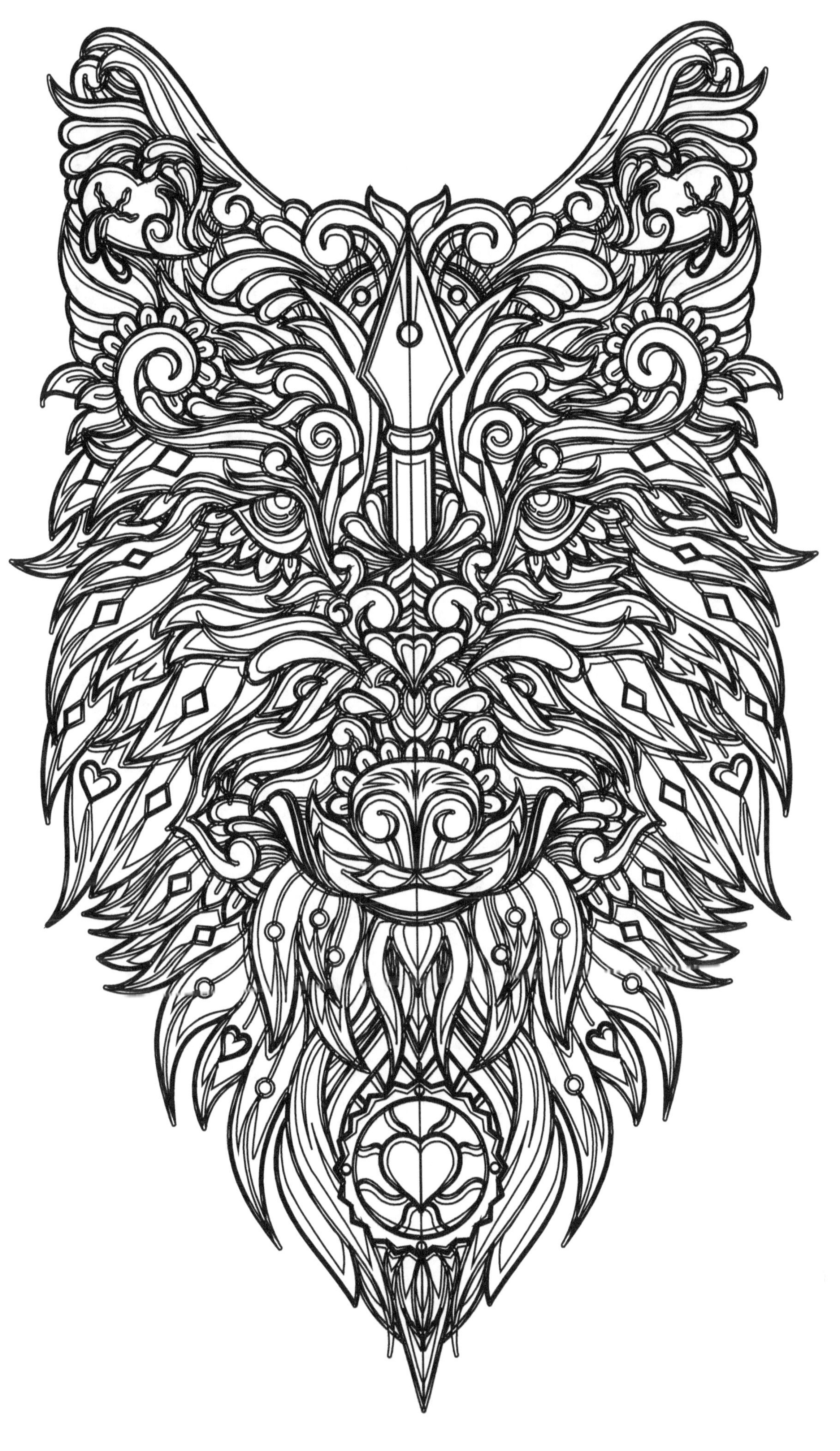

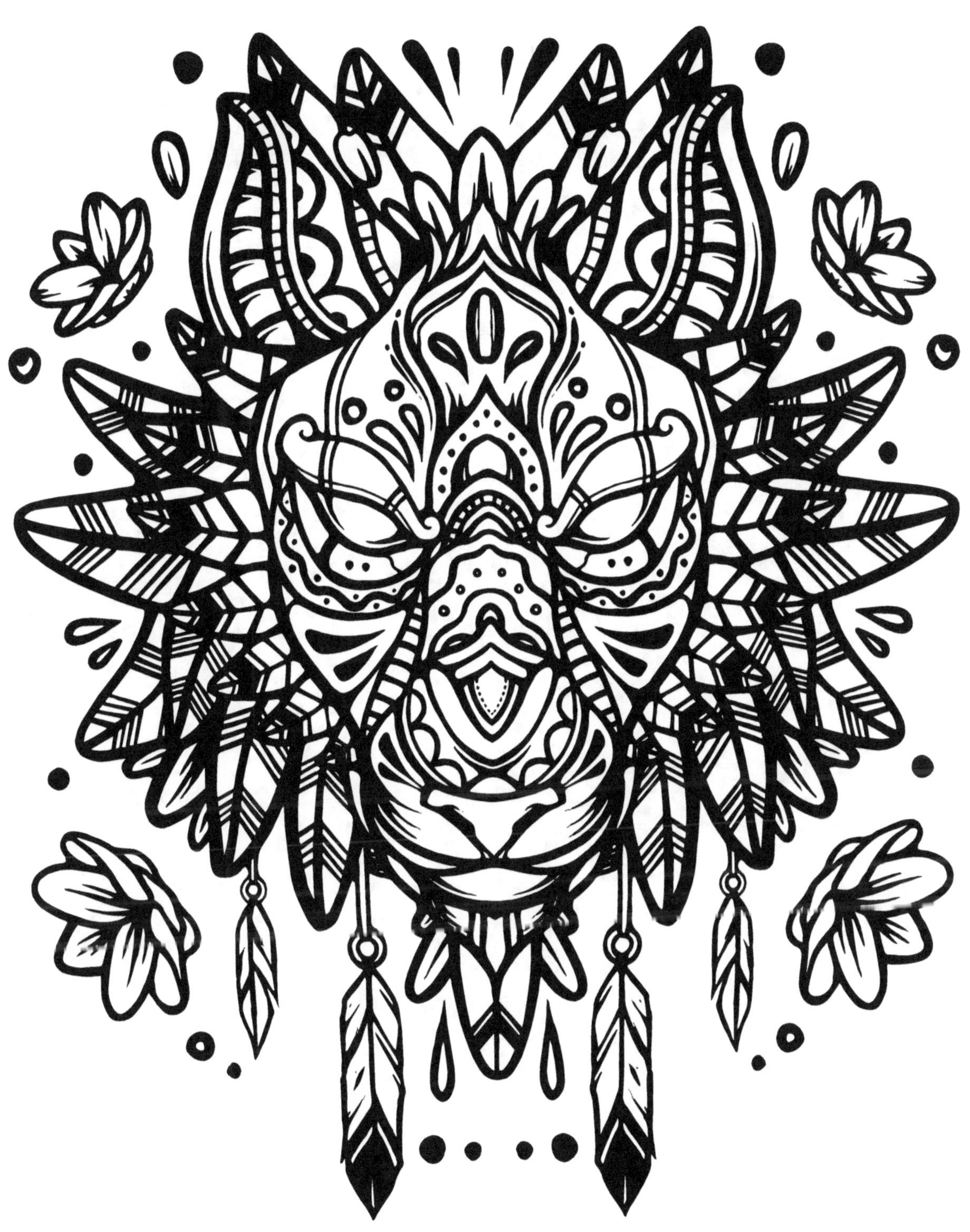

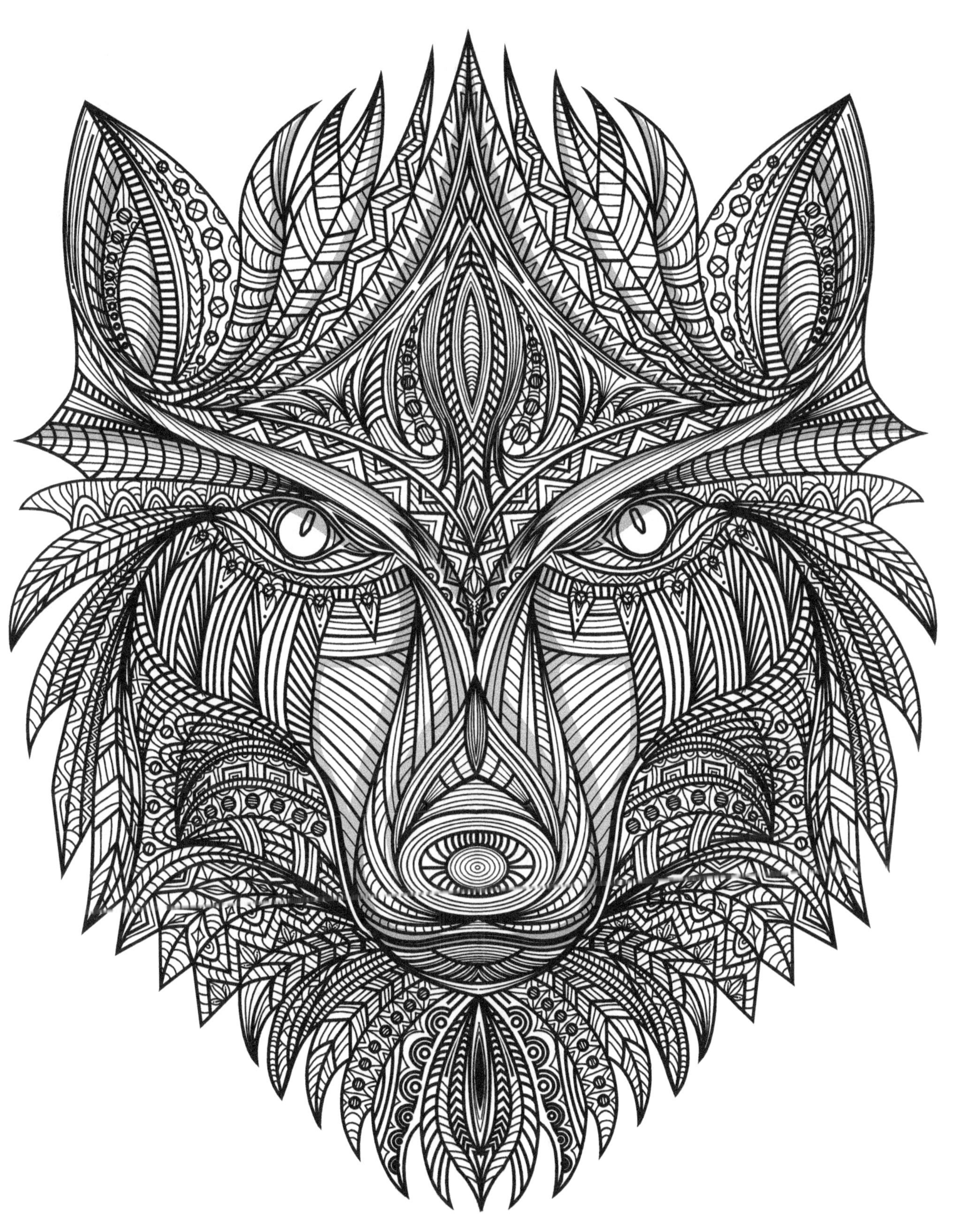

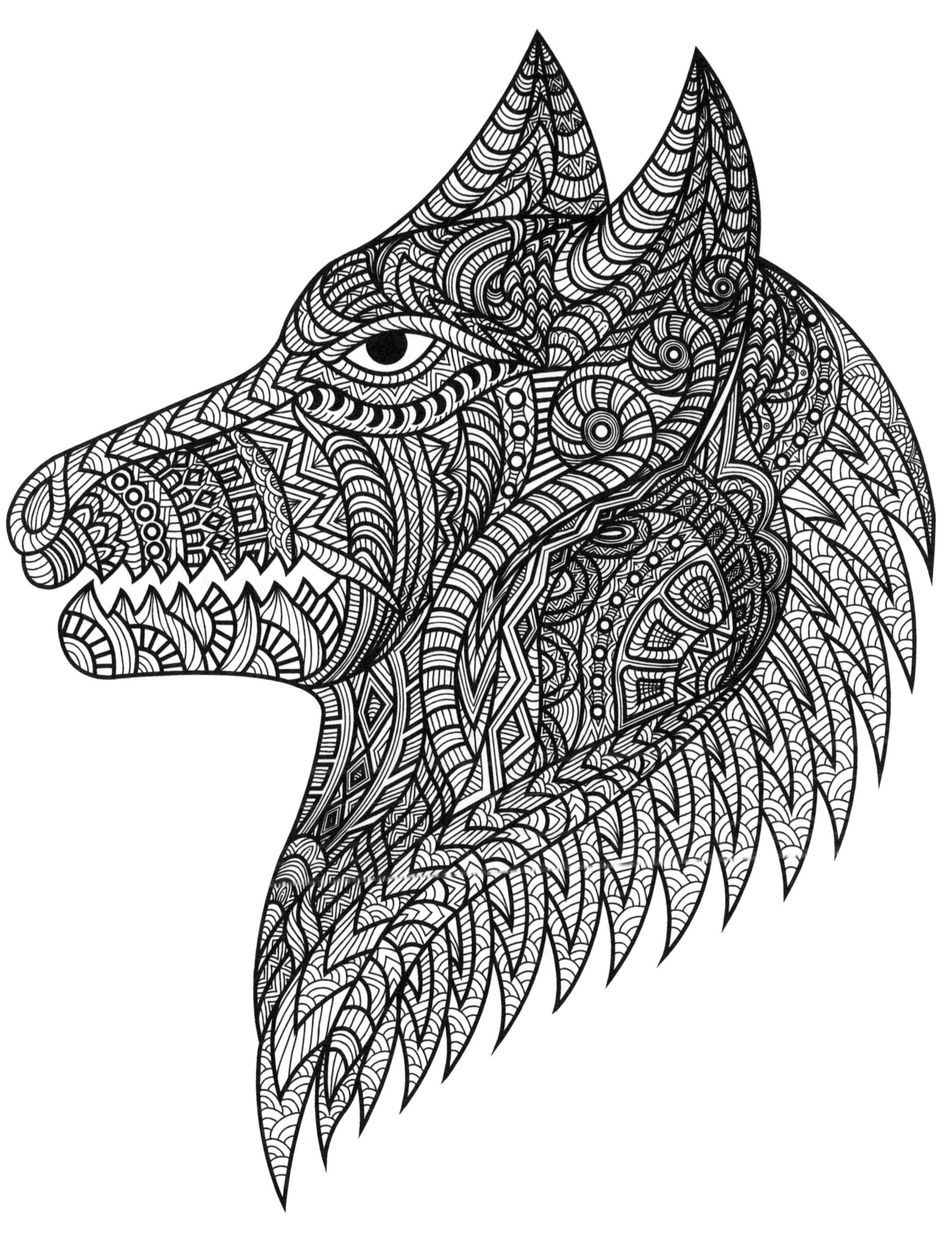

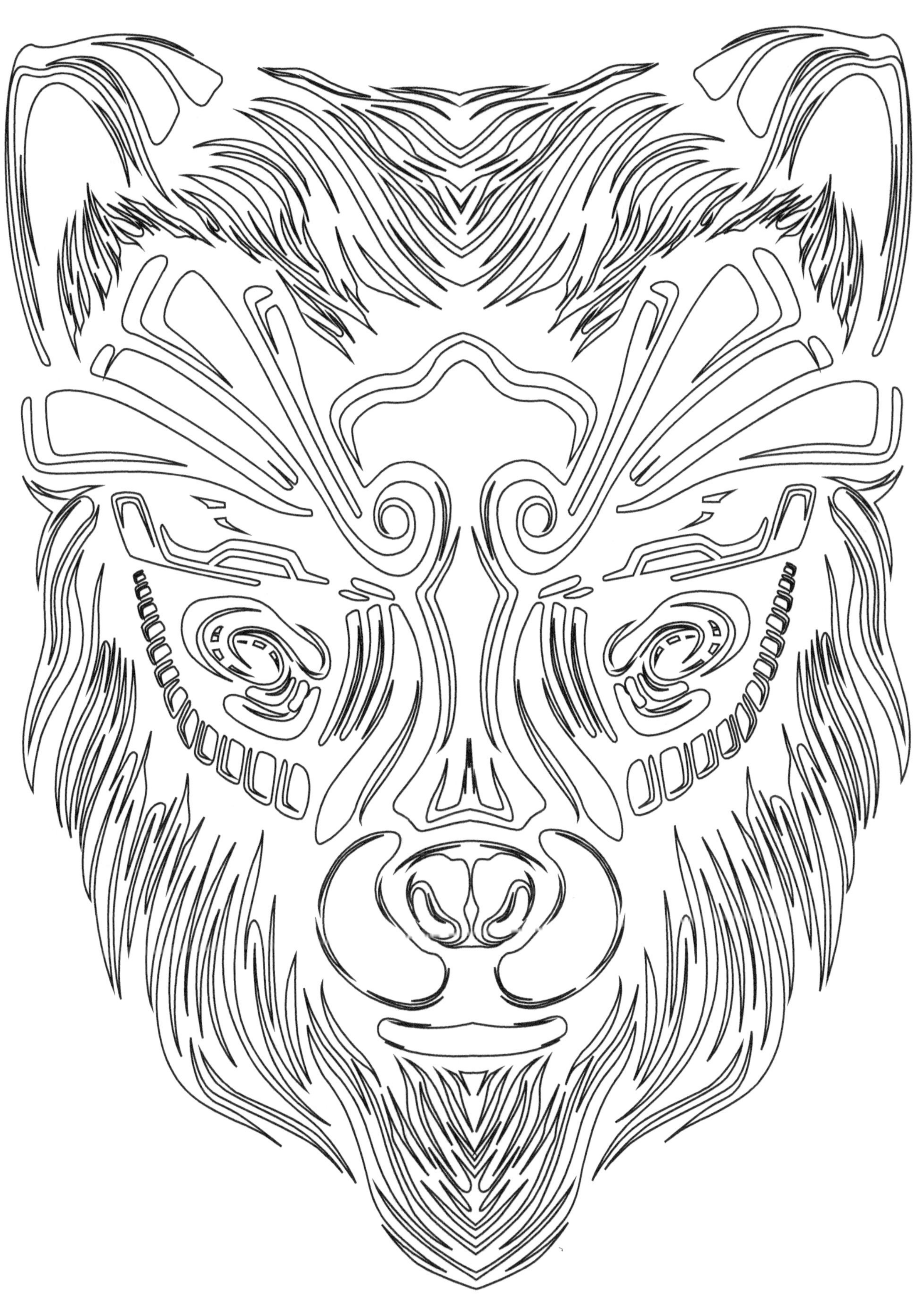

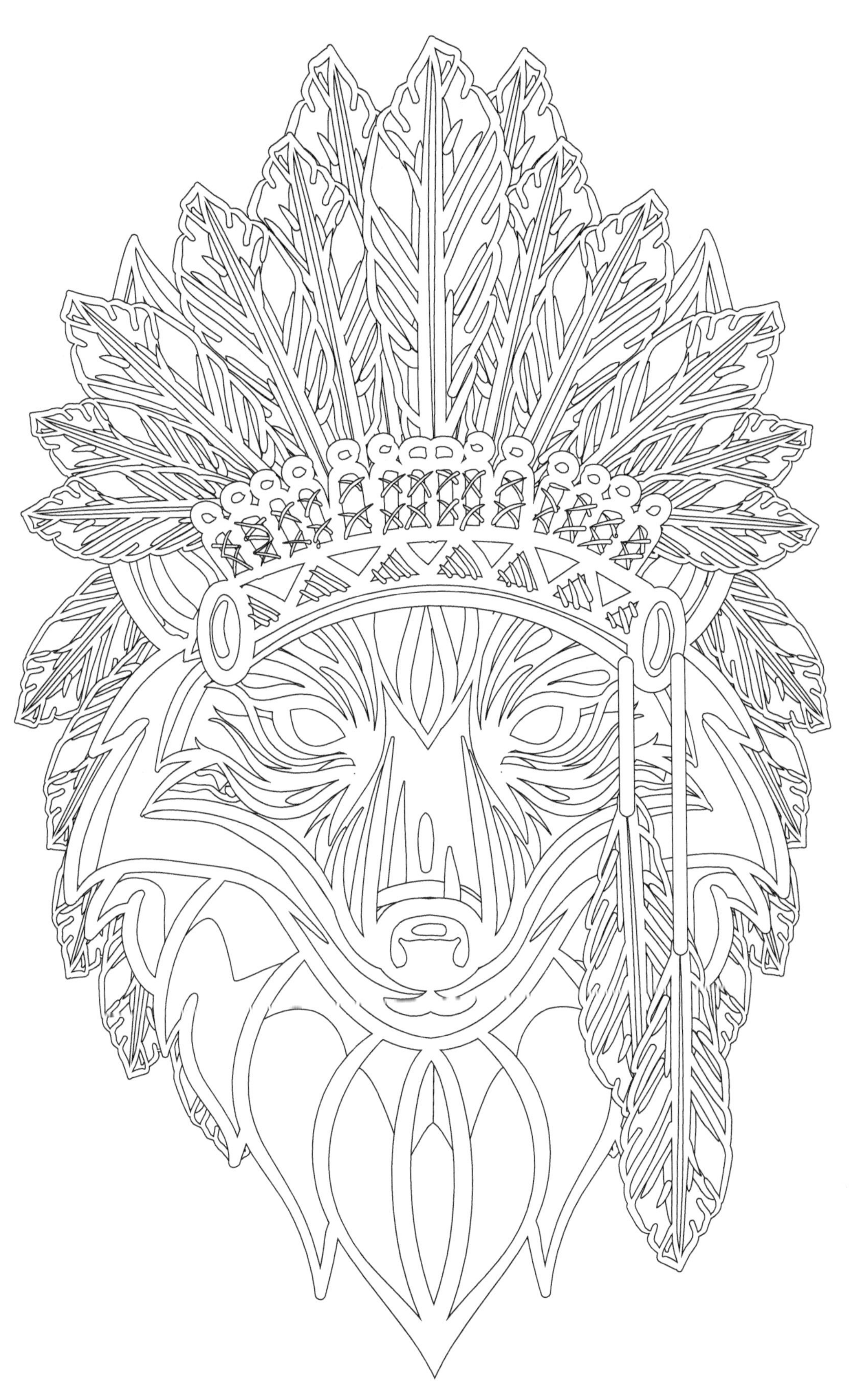

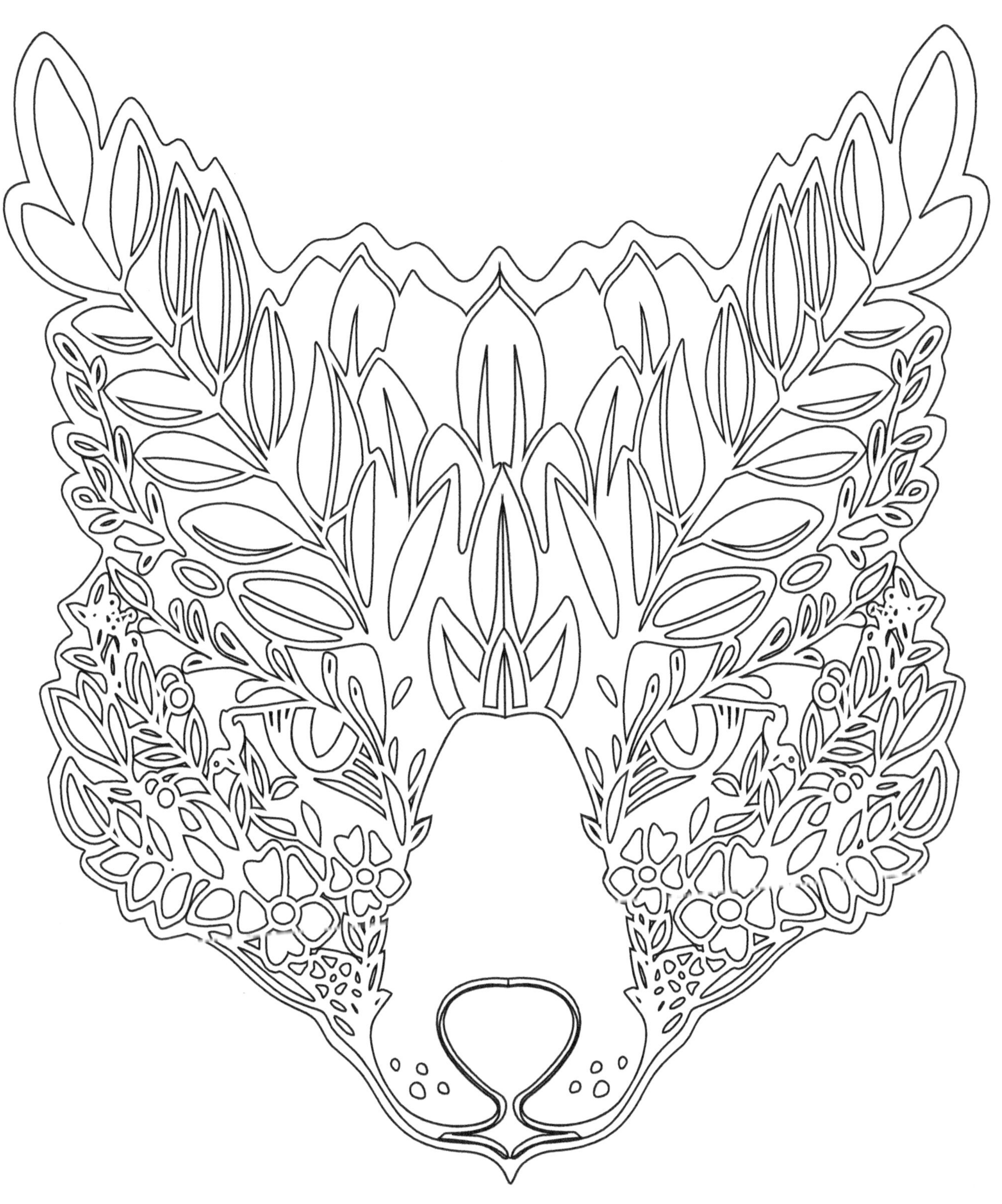

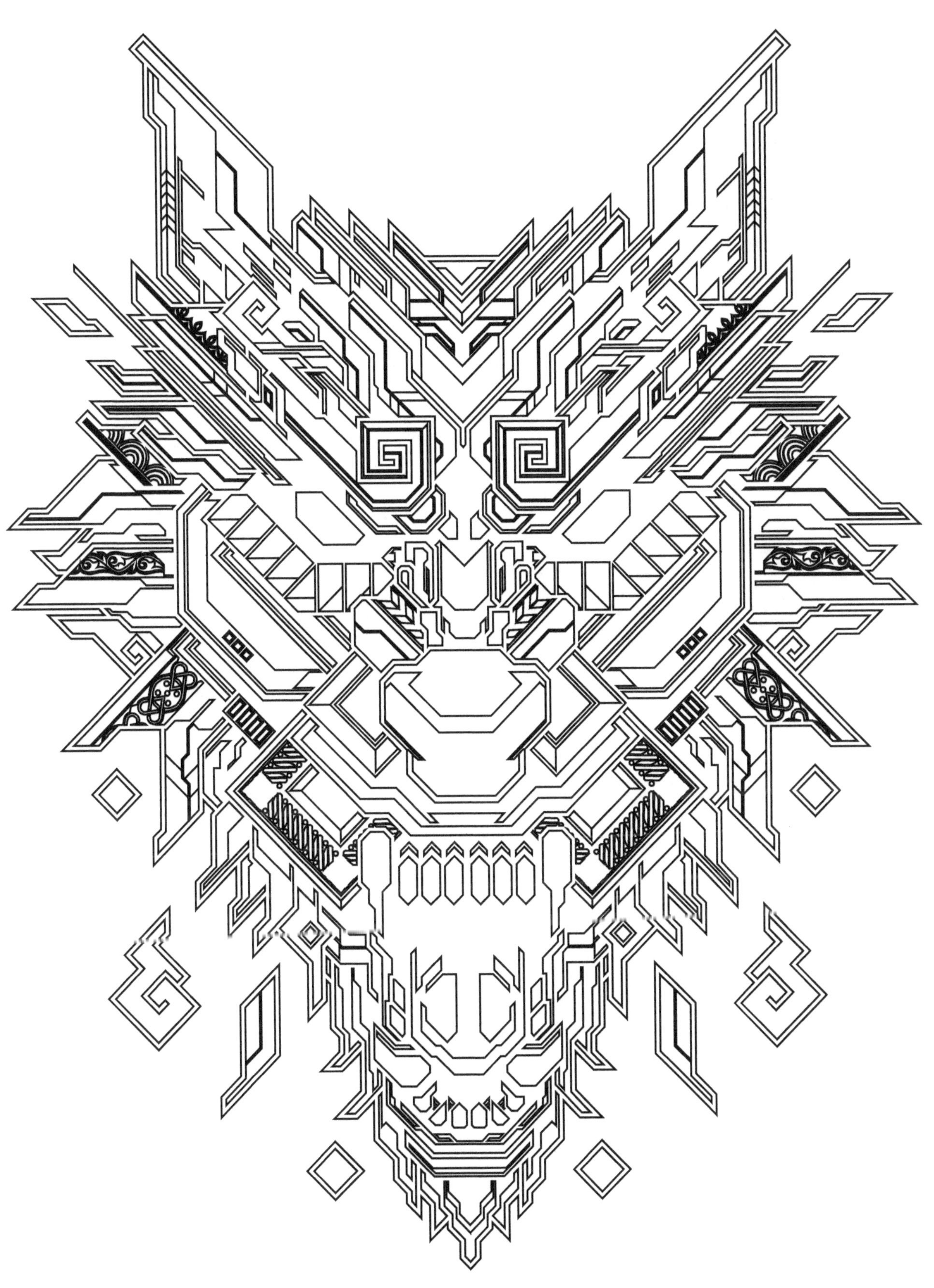

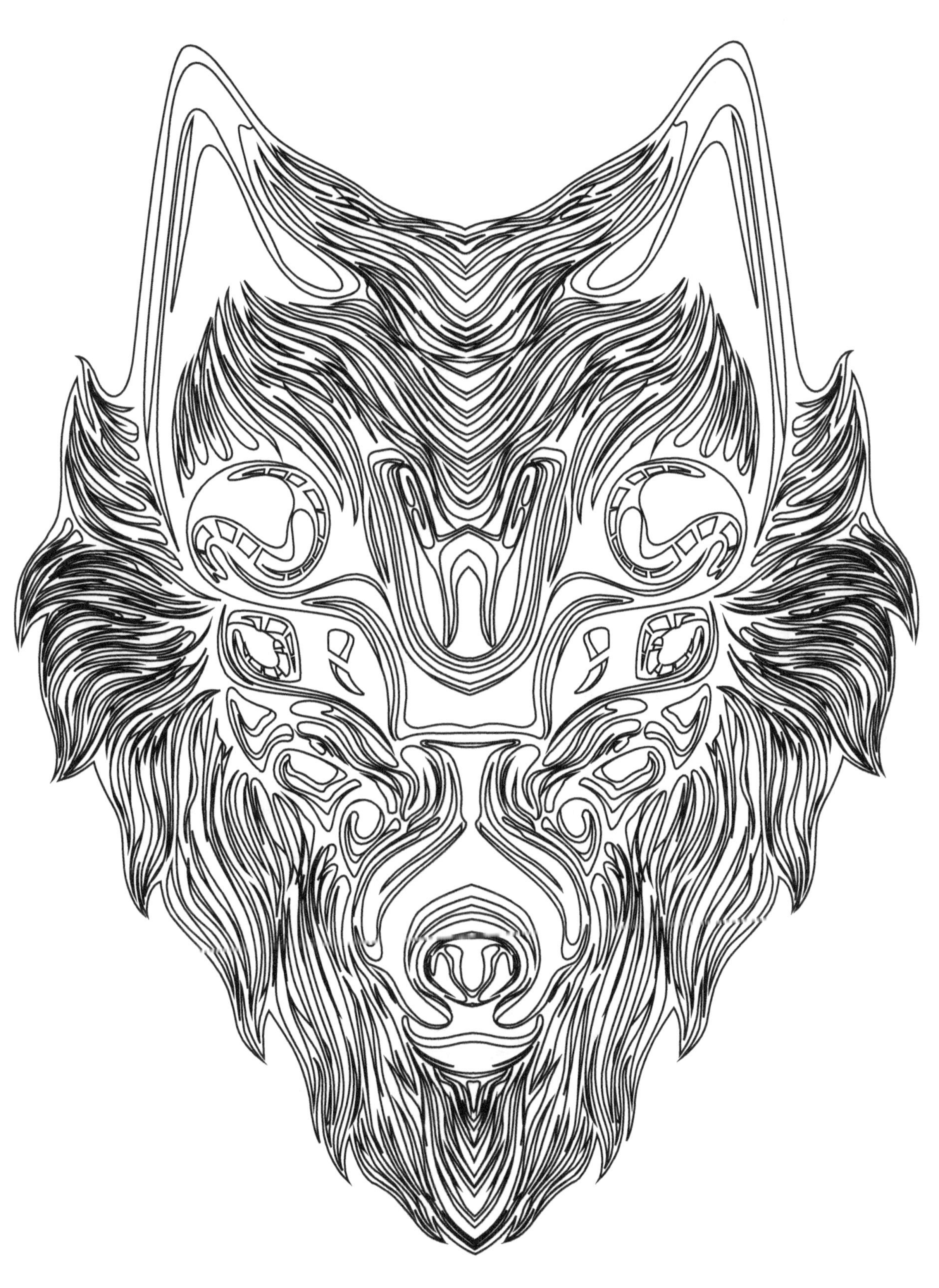

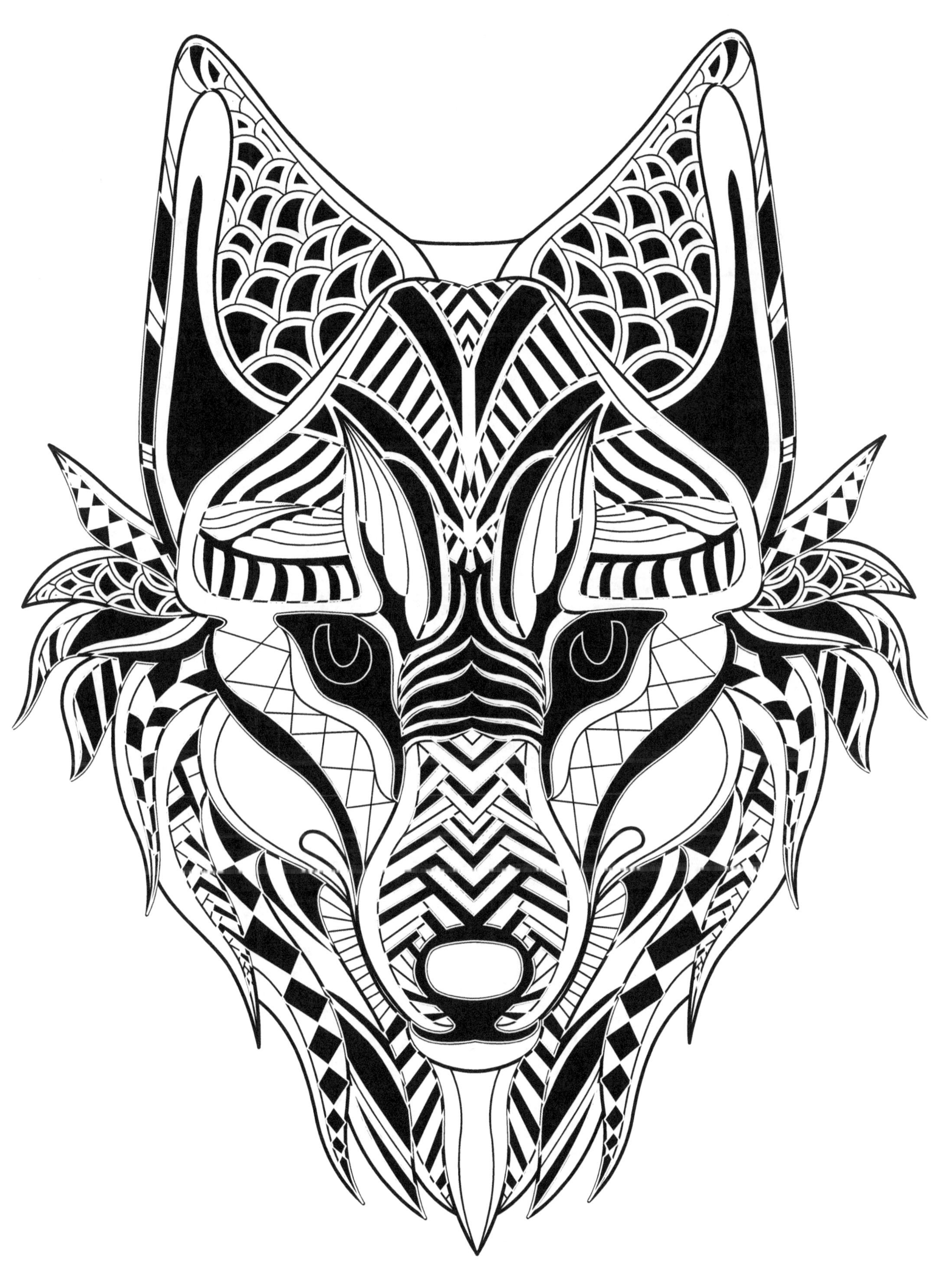